AF462160

ANDROMAQUE,

TRAGÉDIE-LYRIQUE,

EN TROIS ACTES,

REPRÉSENTÉE

POUR LA PREMIERE FOIS,

PAR L'ACADÉMIE-ROYALE

DE MUSIQUE,

Le Mardi 6 Juin 1780.

PRIX XXX SOLS.

AUX DÉPENS DE L'ACADEMIE.

De l'Imprimerie de P. DE LORMEL, Imprimeur de ladite Académie, rue du Foin Saint-Jacques, à l'Image Sainte Genevieve.

On trouvera des Exemplaires du Poëme à la Salle de l'Opéra.

M. DCC. LXXX.

AEVC APPROBATION ET PRIVILEGE DU ROI.

La Musique est de M. GUETRY.

ACTEURS ET ACTRICES
CHANTANTS DANS LES CHŒURS.

CÔTÉ DU ROI.		CÔTÉ DE LA REINE.	
Messieurs	*Mesdemoiselles.*	*Messieurs.*	*Mesdemoiselles.*
Péré..	Dubuisson.	Candeille.	d'Agée.
Héri.	d'Hautrive.	Larlat.	des Rosières.
Poussez.	Veron.	Capoi.	Chenais.
Martin.	Garrus.	Hilden.	Thaunat.
Lagier.	Rouxelin.	Méon.	Paris.
Rey.	Sanctus.	Cleret.	Gavaudan, c.
Legrand.	Prieur.	Baillon.	Isidore.
Cavaillier.	Dumoutier.	Fagnan.	Eugénie.
Moulin.	Charmois.	Tacusset.	Joséphine.
Huet.	Leclerc.	De Lori.	Armand.
Itasse.	Deslions.	Joinville.	
Jouve.	Chaumont.		
Bouvard.			
Jalaguier.			

ACTEURS.

ANDROMAQUE,	Mlle. le Vasseur.
PIRRHUS,	M. le Gros.
HERMIONE,	Mlle. du Plant.
ORESTE,	M. l'Arrivée.
ASTIANAX,	Un Enfant.
PHŒNIX, *Confident de* *Pirrhus*,	M. Moreau.
UN CHEF *du Peuple*,	M. Lainé.
1re. GRECQUE,	Mlle. Girardin, c.
2e. GRECQUE,	Mlle. Joinville.
AMBASSADEURS *de la Suite d'Oreste.*	M^rs^. Chéron, Lays, Péré, Candeille, le Grand, Larlat, Rey, Rousseau, Royer.
Femmes TROYENNES *de la Suite d'Andromaque*,	Mlles. Rosalie, Girardin, l. Taunat.

PEUPLES GRECS.
PEUPLES TROYENS.

La Scène est en Epire.

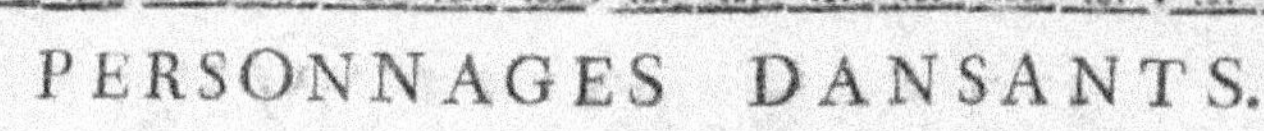

PERSONNAGES DANSANTS.

ACTE PREMIER.

GUERRIERS d'EPIROTES.

Mrs. Gardel, l., Dauberval, Vestris, f.

Mrs. Le Breton, le Doux, Abraham, Desplaces, Simonet, Hennequin, l., Duchaîne, le Bel.

JEUNES EPIROTES.

Mlle. Peslin, Théodore.

Mlles. Saulnier, Courtois, c., Puisieux, Camille, Jenny, Courtois, l., Bernard, la Croix.

ACTE SECOND.

JEUNESSES D'EPIRE.

Mrs. Barre', Olivier.

Mlles. Coulon, Granier.

Mrs Clerget, la Haye, Guillet, Caster.

Mlles. Carré, Villette, Bernard, la Croix.

ACTE TROISIEME.

JEUNESSES d'EPIRE.

M. VESTRIS, pere. Mlle. HEYNEL.

M^rs^. Le Breton, Guillet, c., Caſter, Deſplaces. la Haye, Clerget.

Mlles, Saulnier, Courtois, c., Puiſieux, Camille, Jenny, Courtois, l.

AVERTISSEMENT.

POUR adapter cette Tragédie de Racine à la Scêne Lyrique, il a fallu sacrifier mille beautés que l'on a regrettés autant que le feront tous les Gens de goût. On a senti plus que personne, le ridicule, l'audace même de pareille entreprise; mais l'on n'a eu d'autre prétention que de servir le génie d'un Artiste, dont les talents ont faits si souvent nos délices, & tout le monde sait que la marche d'un Opéra nécessite les retranchements que l'on a été forcé de faire au Poëme de l'immortel Racine.

On a conservé les Vers de ce grand Homme, autant que la coupe des Scênes, la forme des Airs & du Récitatif, l'ont permis. Il a fallu malheureusement meller souvent d'autres Vers avec les siens pour former la contexture de l'action.

On espere que le Public pardonnera cette espece de sacrilege, en faveur du motif qui l'a fait faire.

ANDROMAQUE,
TRAGÉDIE-LYRIQUE.

ACTE PREMIER.

Le Theâtre repréſente un vaſte Sallon du Palais de PIRRHUS, *dont les Colonnes ſont décorées de Boucliers, de Faiſſeaux d'armes; le Trône de* PIRRHUS *ſoutenu par deux Lions, eſt preſque ſur l'Avant-ſcêne, à gauche.*

SCENE PREMIERE.

HERMIONE, FEMMES GRECQUES *de ſa ſuite.*

CHŒUR.

CESSÉS de repandre des larmes;
La vengeance & l'amour vont finir vos malheurs.
L'inconſtant qui cauſe vos pleurs,
Va céder pour jamais au pouvoir de vos charmes.

Cessez de repandre des larmes,
La vengeance & l'amour vont finir vos malheurs.

UN CORIPHÉE.

Du fils d'Hector on demande la tête;
Oreste, au nom des Grecs, vient hâter son trépas.

UN AUTRE.

La mort d'Astianax vous rend votre conquête;
Sa mort met Pirrhus dans vos bras.

CHŒUR.

Cessez de repandre des larmes;
La vengeance, *&c.*

HERMIONE.

C'est le seul espoir qui me reste;
Ma rivale l'emporte, & je n'en puis douter.
Mais mon cœur, que l'amour cherche encor à flater,
Attend tout des Grecs & d'Oreste.

Oreste!... ah! Dieux, quel triomphe pour lui!
Il verra la fiere Hermione,
Qui dédaigna ses feux, que Pirrhus abandonne;
Il verra mes malheurs égaler son ennui.
Chassons, chassons de ma mémoire
Ce qui me fut si cher, & qui m'a pu trahir.

Deteſtons cet ingrat, il y va de ma gloire......
Ah! je l'ai trop aimé pour ne le point haïr.

Il faut le fuir, rien ne m'arrête;
Que ſur lui, ſa captive étende ſon pouvoir;
N'envions plus ſon indigne conquête......
Mais, ſi l'ingrat rentroit dans ſon devoir?

Si fidele au nœud qui l'engage,
L'inconſtant calmoit mon courroux!
S'il revenoit à mes genoux
Jurer de n'être plus volage!

Mais, il ne veut que m'outrager;
Il deteſte un cœur qui l'adore.
L'ingrat!... faut-il l'aimer encore
Quand je ne dois que m'en venger!
(*On entend une marche.*)

On vient avec Pirrhus, Oreſte va paroître;
Cachons à tous les Grecs les pleurs que j'ai verſés.
Ils liroient dans mes yeux; ils y pourroient connoître
Les tourmens de mon cœur & ſes vœux inſenſés.
(*Elle ſort avec ſes Femmes.*)

SCENE II.

PIRRHUS devancé par sa Garde, vient s'asseoir sur son Trône; ORESTE à la tête des autres Députés des Rois de la Grece, vient se placer en face de PIRRHUS.

ORESTE.

AU vainqueur des Troyens, tous les Grecs & leurs Rois
S'adressent par nos voix.
Nous venons demander le redoutable reste
D'un ennemi fatal que la Grece déteste.

ORESTE & le CHŒUR.

Livrez à notre courroux
Le fils d'Hector pour victime;
Notre vengeance est légitime,
Qu'il périsse sous nos coups.

ORESTE.

Aux mânes des Héros immolés par son pere,
Le sang du fils doit être offert.
Envain votre pitié le sert,
Sa mort seule des Grecs éteindra la colere.
Ne vous souvient-il plus, Seigneur, quel fut Hector?

CHŒUR.

Nos Peuples affoiblis s'en souviennent encor.

ORESTE.

Eh! qui sait ce qu'un jour le fils peut entreprendre?
Peut-être dans nos Ports on le verra descendre,
Tel qu'on a vu son pere, embraser nos vaisseaux,
Et la flamme à la main les suivre sur les eaux.

ORESTE & le CHŒUR.

De tous nos Rois partagez la colere;
Perdez un enfant dangereux.
La Grece, en l'immolant venge encor votre pere;
Cédez & remplissez ses vœux,
Livrez à notre courroux
Le fils d'Hector pour victime;
Notre vengeance est légitime,
Qu'il périsse sous nos coups.

PIRRHUS.

Non, non,... je veux défendre & le fils & la mere,
De mes inimitiés le cours est achevé;
Le sang que j'ai versé suffit à ma colere,
L'Epire sauvera ce que Troye a sauvé.

Je ne fus que trop implacable,
C'étoit aux Champs Troyens qu'il falloit l'immoler.

C'étoit dans les horreurs d'une nuit effroyable
Que les Grecs devoient l'accabler.

DIALOGUE.

ORESTE.

La Grece, en vous, trouve un enfant rebelle.

PIRRHUS.

N'ai-je donc vaincu que pour elle?

ENSEMBLE.

ORESTE & les GRECS.

Ses Rois, qu'outragent vos refus,
Pourſuivront, juſqu'ici, les reſtes des vaincus.

PIRRHUS.

Eh bien, qu'ils ne diſtinguent plus
Le ſang qui les fit vaincre & celui des vaincus.

Je défendrai contre eux & le fils & la mere;
Je ſaurai braver leur courroux.

ORESTE.

Hermione, Seigneur, arrêtera vos coups.

PIRRHUS.

Hermione peut m'être chere,
Sans que je ſois eſclave de ſon pere,

Et je ſaurai, peut être, accorder quelque jour
Les ſoins de ma grandeur & ceux de mon amour.
(*à Oreſte.*)
Voyez cette fille d'Helene,
Du ſang qui vous unit je ſais l'étroite chaîne;
Après cela, Seigneur, je ne vous retiens plus.
(*aux Grecs.*)
Vous pouvez à vos Rois annoncer mes refus.
(*Oreſte & les Grecs ſortent.*)

SCENE III.

PIRRHUS ET PHŒNIX.

PIRRHUS.

IL vole, je le ſais, aux pieds de ſa maîtreſſe,
Qu'ils brûlent, s'il ſe peut, d'une égale tendreſſe;
Qu'ils s'aiment; j'y conſens... qu'ils partent aujourd'hui;
Dieux! qu'ils m'épargneroient de contrainte & d'ennui.

Mais dans ces lieux, Andromaque s'avance.

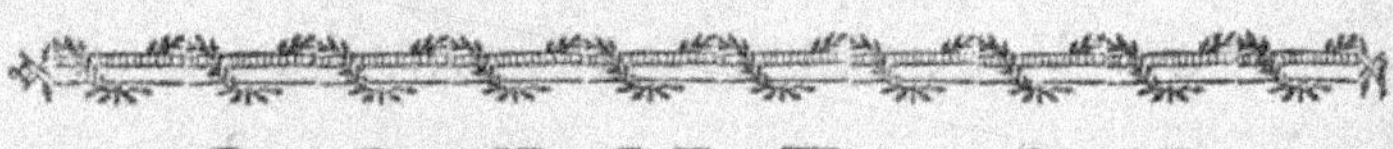

SCENE IV.

PIRRHUS, ANDROMAQUE, PHŒNIX, FEMMES TROYENNES.

PIRRHUS.

OU portez-vous vos pas? cherchez-vous ma présence?
Un eſpoir ſi charmant me ſeroit-il permis?

ANDROMAQUE.

Je paſſois juſqu'aux lieux où l'on garde mon fils,
Puiſqu'une fois le jour vous ſouffrez que je voie
Le ſeul bien qui me reſte & d'Hector & de Troye;
J'allois pleurer un moment avec lui;
Je ne l'ai point encor embraſſé d'aujourd'hui.

PIRRHUS.

Les Grecs vont vous donner d'autres ſujets de larmes,
Ils me demandent ſon trépas.

ANDROMAQUE.

Les Grecs!... ah! mortelles alarmes!

PIRRHUS.

Ils ne l'obtiendront pas.

Ils

Ils me ménacent de leurs armes ;
Mais, duſſent-ils, en repaſſant les eaux,
Le demander avec mille vaiſſeaux ;
Dût ce Palais être réduit en cendre.

Je vole à ſon ſecours ;
Pirrhus jure de le défendre
Et de ſauver ſes jours.

Mais, vous, haïrez-vous ſans cèſſe
Le plus tendre vainqueur ?
Voyez mettre à vos pieds & ſon trône & ſon cœur ;
D'un ſeul regard payez tant de tendreſſe,
Un ſeul regard peut faire ſon bonheur.

ANDROMAQUE.

Triſte, captive, importune à moi-même,
Quels charmes ont pour vous des yeux infortunés,
Qu'à des pleurs éternels vous avez condamnés ?
Eh ? ſe peut-il qu'Andromaque vous aime ?
Et ſon cœur pourroit-il changer ?

PIRRHUS.

Ah ! que l'amour & que vos charmes
Ont bien ſçû me punir, ont bien ſçû vous venger.

Votre vainqueur baigne de larmes
Ses lauriers ſanglans & ſes armes ;
Il déteſte à jamais un triomphe odieux ;
Il gémit ſur les maux que vous fit la victoire.

Votre vainqueur pleure ſa gloire
Et veut ſécher les pleurs qui coulent de vos yeux.

Ah ! dites-moi ſeulement que j'eſpere ;
Je vous rend votre fils, & je lui ſers de pere.
En moins de temps que les Grecs ne l'ont pris,
Votre Ilion peut ſortir de ſa cendre.
Le moindre eſpoir me fait tout entreprendre,
Je pourrai dans vos murs couronner votre fils.

ANDROMAQUE.

A de moindres faveurs les malheureux prétendent.
Murs ſacrés ! que n'a pu conſerver mon Hector.
N'eſpérez plus de nous revoir encor.

C'eſt un exil que mes pleurs vous demandent;
Souffrez, Seigneur, ſouffrez que loin de vous,
J'aille cacher mon fils, & pleurer mon époux.

Laiſſez une tremblante mere,
Sauver un fils, pleurer ſon pere :

Laiſſez la fuir, loin de ces lieux,
Cacher l'unique bien que lui laiſſent les Dieux.

Hélas ! une main auſſi chere
Peut ſeule adoucir ma miſère
En eſſuyant les pleurs qui coulent de mes yeux.
Vous, retournez à la fille d'Hélene ;
Elle ne vous doit point ſa haîne ;
Par elle vos ſoupirs ne ſont point repouſſés ;
Troye, Hector, contre vous n'irritent point ſon ame;
Aux cendres d'un époux doit-elle enfin ſa flamme,
Et peut-elle oublier vos ſervices paſſés ?

DIALOGUE.

PIRRHUS.

Vous le voulez, hé-bien, cruelle,
Ce cœur ſaura vous obéir.

ANDROMAQUE.

Ce cœur, à mon époux, fidèle,
Non, jamais ne veut le trahir.

PIRRHUS.

Oui, je veux déſormais hair
Votre ame inſenſible & rebelle.

ANDROMAQUE.

Oui, toujours mon cœur veut chérir
Sa peine & sa douleur mortelle.

ENSEMBLE.

PIRRHUS.	*ANDROMAQUE.*
C'en est fait, désormais, cruelle, Ce cœur saura vous obéir.	Auteur de ma douleur cruelle, Ce cœur peut-il vous obéir?

PIRRHUS.

Le fils, dans ma juste colere,
Me répondra des mépris de la mere.

ANDROMAQUE.

Mon fils !

PIRRHUS.

Il faut désormais que mon cœur
S'il n'aime avec transport, haïsse avec fureur.

ENSEMBLE.

PIRRHUS.	*ANDROMAQUE.*
Oui, oui, je veux vous obéir, Vous oublier & vous hair. Le fils, dans ma juste colere, Me répondra des mépris de la mere. Oui, ce cœur saura vous punir, Vous oublier, & vous hair.	Hélas, il n'a pour sa défense Que mes pleurs, que son innocence. Sa mort, en l'état où je suis, Achévera la fin de mes ennuis. Je finirai ma vie & ma misère; Dans la tombe, avec lui, j'irai joindre son pere.

ANDROMAQUE seule, en s'en allant.

Pour la derniere fois, je vais donc voir mon fils.

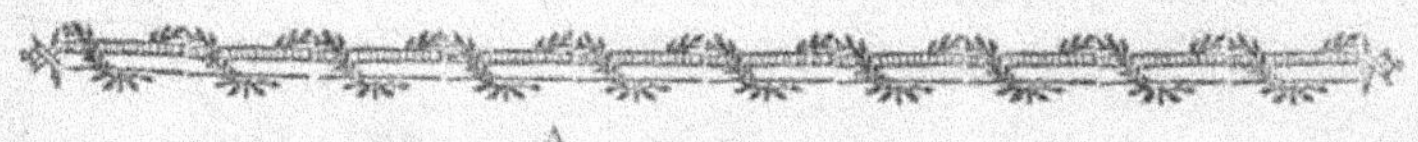

SCÈNE V.

PIRRHUS, PHŒNIX.

PIRRHUS.

Ah! c'en est fait, cruelle,
Je vais être aussi fier que tu m'as vû soumis....

Je trouvois du plaisir à me perdre pour elle;
J'aurois bravé tous les Grecs réunis.

Je m'applaudis de ma victoire;
Que de devoir j'allois sacrifier!
Un seul regard m'eût tout fait oublier,...
Dès cet instant je jouis de ma gloire.

Elle m'attend à ses genoux;
Je la verrois aux miens d'un œil tranquille.
Je redeviens le fils d'Achille,
Et je le sens à mon courroux.

Je m'applaudis, &c.

C'en est fait, oui, je l'abandonne;
Mon plaisir est de la hair....

(*à* PHŒNIX.)

Qu'on cherche Oreste, amenez Hermione;
C'est ce cœur qui t'aima qu'aujourd'hui je lui donne....

De quels noms tu vas m'appeller!
J'abandonne ton fils, ma vengeance est *certaine.*
Au lieu de ton amour, je veux avoir ta haîne...
Ah! que de larmes vont couler.

SCENE VI.

PIRRHUS, HERMIONE, ORESTE, PHŒNIX, GRECS *à la suite d'*ORESTE, GRECS & GRECQUES *de la suite d'*HERMIONE.

PIRRHUS.

FIlle de Ménélas, Oreste,
Je reprends mes engagements.
Mon cœur abjure enfin un amour trop funeste.

HERMIONE.

Ciel ! o ! Ciel, quel bonheur !

ORESTE, à part.

Dieux cruels ! quels tourments !

PIRRHUS, aux Députés des Rois de la Grece.

Je ne condamne plus un courroux légitime ;
On va vous livrer la victime.
(*à* HERMIONE.)
A la face des Grecs recevez mes serments ;
Je vous rapporte un cœur, & sensible & fidele,
Il brûlera d'une ardeur éternelle,
Rien ne rompra des liens si charmans.

TRIO.

HERMIONE.	PIRRHUS.	ORESTE.
	J'oublie à jamais l'ingrate Qui vous enleva mon cœur.	
Dieux ! que cet aveu me flatte ! Quel triomphe ! quel bonheur !		Quels tourments ! quelle douleur !

HERMIONE.	*PIRRHUS.*	*ORESTE.*
Je l'emporte ſur ma rivale !	J'abjure une flamme fatale ; Je déteſte votre rivale ;	Ils me déchirent le cœur.
Je regne à jamais ſur ſon cœur.	Régnez à jamais ſur mon cœur.	

(*Il ſort.*)

HERMIONE au CHŒUR.

Chantez, célébrez ma victoire ;
Chantez, célébrez ce beau jour.
Pirrhus éteint le plus funeſte amour ;
Le fils d'Achille, enfin, eſt digne de ſa gloire.

LE *CHŒUR.*

Chantons, célébrons ſa victoire ;
Chantons, célébrons ce beau jour.
Pirrhus éteint le plus funeſte amour ;
Le fils d'Achille, enfin, eſt digne de ſa gloire.

(*Pendant*

(Pendant ce Chœur , PIRRHUS conduit HERMIONE ſur ſon trône , & s'y place avec elle.)

(Diverſes Troupes guerrieres Epirotes , après avoir défilés devant HERMIONE , executent des évolutions militaires , & des ſimulacres de combats antiques. La Danſe Pyrrique leur ſuccede. Des jeunes Epirotes les remplacent , & exécutent des danſes legeres.)

UNE *EPIROTE*.

Viens , tendre amour , viens par tes charmes ,
Rendre à jamais heureux ,
Et combler tous les vœux
Des jeunes cœurs qui te rendent les armes ,
Des cœurs ſoumis au pouvoir de tes feux.

L'inconſtance
Coûte ſouvent de tendres pleurs ;
Mais l'eſpérance
Calme les plus vives douleurs.
Sous ton empire , quels plaiſirs !
Point de ſoupçons , point de ſoupirs ,
Point de tourments , que les déſirs.

Viens , tendre amour , *&c.*

Deux Femmes GRECQUES.

Mars à Vénus a cédé la victoire ;
Le Dieu de Trace a reconnu sa loi :
A la beauté Pirrhus donne sa foi,
L'amour comble sa gloire.

Jeune Princesse
Soyez sans cesse
L'objet des plus tendres feux
D'un cœur qui comble vos vœux,
Qu'il soit heureux.

Jouissez du bien suprême,
Qu'il est doux lorsque l'on aime
De se voir aimé de même.

Que vos instants
Seront charmants ;
Tendres amants
Soyez constants,
Que la gloire & l'amour
Répétent tour à tour.

Mars à Vénus, *&c.*

(*Le Ballet accompagne* PIRRHUS & HERMIONE *qui descendent de leur Trône.*)

FIN DU PREMIER ACTE.

ACTE SECOND.

(*Le Théâtre repréſente dans le fond, la Mer & les Vaiſſeaux qui ont apportés les Ambaſſadeurs de la Grece : à droite & à gauche, ſont les faces du Palais de* PIRRHUS, *ſéparées de la Mer par une Baluſtrade de marbre, avec un paſſage au milieu.*)

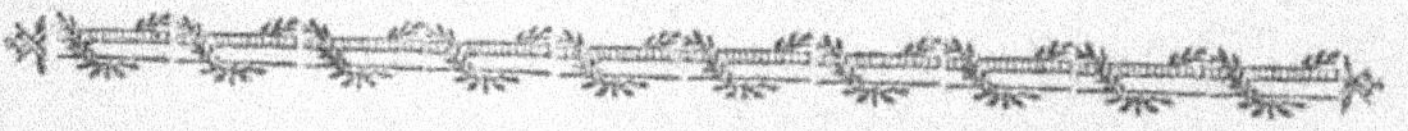

SCENE PREMIERE.

ORESTE & GRECS *de ſa Suite.*

GRECS.

MODÉREZ ces tranſports jaloux :
Calmez cette fureur extrême.

ORESTE.

Je perds pour jamais ce que j'aime,
Rien ne peut calmer mon courroux.

Il faut que je l'enléve, où bien que je périsse,
C'est traîner trop long-temps ma vie & mon supplice.
Je veux, en l'arrachant de ces funestes lieux,
Lui faire partager ma cruelle infortune ;
Mon innocence, enfin, me pese & m'importune,
Je veux justifier l'injustice des Dieux.

Je veux que l'ingrate partage
Mon désespoir & ma fureur ;
Je veux que ce cœur qui m'outrage,
Connoisse à son tour la douleur.

C'est trop gémir tout seul, il faut que l'inhumaine
Répande autant de pleurs qu'en ont versé mes yeux;
Je veux justifier ses dédains & sa haîne ;
Je veux justifier l'injustice des Dieux.

(*Aux* GRECS.)

Mais je veux seul enlever Hermione,
Fuyez un malheureux que le destin poursuit ;
Laissez-moi des périls dont j'attends tout le fruit,
Et reportez aux Grecs l'enfant qu'on m'abandonne.

ENSEMBLE.

LES GRECS.	ORESTE.
Non, tes amis suivront tes pas. Nous ne laisserons pas, Notre ami, notre chef, le malheureux Oreste, Affronter lui seul le trépas.	Amis, ne suivez point mes pas. Laissez le malheureux Oreste, Laissez, un amour funeste L'entraîner au trépas.

GRECS.

Au milieu de la nuit, ravissons l'infidelle;
Nos vaisseaux sont tout prêts, & le vent nous appelle.

UN CORIPHÉE.

Dissimulez, elle vient dans ces lieux.

GRECS. { Fuyez & dérobez } tant de trouble
ORESTE. { Fuyons & dérobons } à ses yeux.

(*Ils sortent.*)

SCÈNE II.

HERMIONE, *quatre* *CORIPHÉES* *Grecs*.

REgne à jamais dans mon ame,
Amour, amour, comble mes vœux;

J'obtiens le Héros qui m'enflamme,
Je l'arrache à d'indignes nœuds.

Non, non, la crainte & les alarmes
Ne pourroit plus flétrir mon cœur ;
Pirrhus, enfin, me rend les armes,
J'enchaîne à jamais mon vainqueur.

Soupçons, cruelle jalousie,
Fuyez, éloignez-vous de moi ;
Ne troublez plus le repos de ma vie,
Mon amant m'a rendu sa foi.

Bientôt la pompe nuptiale
Va me conduire au Temple, aux pieds des immortels.
Bientôt, Pirrhus, sur leurs Autels,
Va me sacrifier une flamme fatale,
En s'unissant à moi par des nœuds éternels.

(*Andromaque paroît.*)

Mais, dans ces lieux, que vois-je ! ma rivale !
Fuyons. . . . .

SCÈNE III.

HERMIONE, *ſes Femmes*, ANDROMAQUE, TROYENNES.

*TROYENNES, Femmes de la Suite d'*HERMIONE *qui la retiennent.*

NE fuyez point un ſpectacle ſi doux.

CHŒUR des TROYENNES, ſoutenants ANDROMAQUE.

C'eſt la Veuve d'Hector pleurante à vos genoux.

ANDROMAQUE.

Ayez pitié de ma cruelle peine ;
Sauvez mon fils, voùs ſaurez quelque jour,
Vous ſaurez pour un fils juſqu'où va notre amour.

DIALOGUE.

ANDROMAQUE.

Ayez pitié de ma cruelle peine.

HERMIONE, à part.

Ses plaintes enflamment ma haîne.

ENSEMBLE.

HERMIONE, s'en allant.	*ANDROMAQUE se jettant aux genoux d'Hermione.*
Qui peut mieux le fléchir que vous ?	De Pirrhus calmez le courroux.

SCENE IV.

ANDROMAQUE, CÉPHISE, TROYENNES.

ENSEMBLE.

ANDROMAQUE que le Chœur relève.	*CHŒUR.*
Rien ne peut fléchir l'inhumaine ;	Rien ne peut fléchir l'inhumaine ;
Envain je veux calmer son injuste courroux.	Peut-elle, sans pitié, vous voir à ses genoux.

ANDROMAQUE.

Elle fuit, la cruelle, & se rit de mes larmes.
Qui sauvera mon fils du courroux du vainqueur.

LE CHŒUR.

Pirrhus, pour prix de votre cœur,
Veut vous rendre ce fils & calmer vos alarmes.

ANDROMAQUE.

Pirrhus, de mon époux seroit le successeur !...
Non,

Non, non, .. je vois encor, cette nuit ſi cruelle,
Qui fut pour tout un peuple une nuit éternelle...
Je vois Pirrhus, les yeux étincelans,
Se frayant un affreux paſſage,
Sur les corps immolés de mes freres ſanglants.

Je le vois au milieu du ſang & du carnage.

Ah ! j'entends les cris des mourans
Dans la flamme étouffés, ſous le fer expirants.

LE CHŒUR.

Nuit lamentable !
Nuit déplorable !
Spectacle affreux !
Souvenir douloureux !

ANDROMAQUE.

Et cet Himen affreux m'uniroit à ſes crimes !
Qu'il nous prenne plutôt pour dernieres victimes;
J'y conſens... quoi, mon fils ! quoi, je pourrois encor,
Voir mourir cet enfant, tendre image d'Hector?

Hélas ! le jour que ſon courage,
Lui fit affronter le trépas;
Il le prit, le ſerra tendrement dans ſes bras;
Chere épouſe, dit-il, je te laiſſe ce gage

De mon amour & de ma foi ;
Si je meurs, qu'il retrouve en toi
Et mon amour & ma tendresse.

Séche tes pleurs, chéris sans cesse
Ce fils le gage de ma foi ;
Si je meurs, qu'il retrouve en toi
Et mon amour & ma tendresse.

Et sa mere pourroit supporter son trépas ?
Non, non, je te suivrai dans la nuit éternelle ;
Tendre mere, épouse fidèle,
O mon fils, au tombeau je vais suivre tes pas.

SCENE V.

GRECS, MATELOTS *sur le Port, montant dans les vaisseaux.* ANDROMAQUE, TROYENS, TROYENNES, *sur l'avant Scène.*

MATELOTS.

HAtons-nous, quittons ce rivage ;
Pirrhus va, bientôt sur ce bord,
Livrer aux Grecs le fils d'Hector ;
De la Paix sa mort est le gage.
Hâtons-nous, *&c.*

ENSEMBLE.

ANDROMAQUE.	*TROYENS.*
Ah ! j'ai perdu toute eſpérance ; O mon fils, mon cher fils ! Tes deſtins ſont finis.	Dieu vainqueur irrité, déſarmez la vengeance, Il peut encor vous rendre votre fils.

SCÈNE VI.

LES MÊMES ACTEURS.

PIRRHUS, PHŒNIX, *traverſants le Théâtre, en conduiſant* ASTIANAX, *au milieu de la Garde de* PIRRHUS.

PIRRHUS, à PHŒNIX.

ALlons aux Grecs livrer le fils d'Hector.

ANDROMAQUE ſe jettant au devant de leurs pas.

Arrêtez ! ah Seigneur... eh ! que voulez vous faire?
Arrêtez... livrez donc ſa mere ;
Puis-je ſurvivre à ſon trépas.

Eh ! quoi, vous ne m'écoutez pas,
Sans eſpoir de pardon, je ſuis donc condamnée ?

PIRRHUS.

Rien ne peut arracher votre fils au trépas,
Et ma parole en est donnée.

ANDROMAQUE.

Sans espoir de pardon, je suis donc condamnée?
Eh! quoi, vous ne m'écoutez pas.

TROYENNES.

O malheureux enfant! mere infortunée!

ANDROMAQUE.

Hélas, pouvez-vous, sans pitié,
Livrer cet enfant misérable?
Voyez le tourment qui m'accable;
Vous me jurez tant d'amitié,
Pouvez-vous être impitoyable?

PIRRHUS.

Oui, je veux être inexorable.

ANDROMAQUE.

Vous qui braviez pour moi tant de périls divers.

PIRRHUS.

J'étois aveugle alors, & mes yeux sont ouverts.
Oui, je veux être inexorable.

ENSEMBLE.

LE CHŒUR des TROYENS.	*ANDROMAQUE.*
Ah! peut-il être impitoyable,	Pouvez-vous être impitoyable.

ANDROMAQUE.

Pourrez-vous ſans nulle pitié
Livrer cet enfant miſérable ?

PIRRHUS.

Oui, la Grece a juré ſa mort.

GRECS.

Nous attendons notre victime,
Et la Grece a juré ſa mort.

ANDROMAQUE.	*PIRRHUS & les GRECS.*
Ah ! qu'a-t-il fait ?	Le fils d'Hector !

ANDROMAQUE.

Quel eſt ſon crime ?

GRECS.

Le fils d'Hector !

ANDROMAQUE.

Voyez le malheur qui l'opprime ;
Ah ! prenez pitié de ſon ſort.

PIRRHUS.

En vain vous déplorez ſon ſort.

GRECS.

Nous attendons notre victime,
Et la Grece a juré ſa mort.

PIRRHUS & PHŒNIX, *veulent conduire* ASTIANAX *aux vaiſſeaux.*

ANDROMAQUE, retenant son fils.

Laissez-moi baigner de mes larmes,
Ce fils, tendre image d'Hector;
Ah! laissez-moi presser encor
Contre ce sein rempli d'alarmes,
Ce fils, hélas, si plein de charmes,
Ce fils, tendre image d'Hector.

(*Elle le serre dans ses bras.*)

C'est toi-même, c'est toi, cher époux, que j'embrasse,
Voilà tes yeux, ta bouche, & déja ton audace.

(PHŒNIX *lui ôte* ASTIANAX *des bras.*)

Ah! laissez-moi presser encor,
Contre ce sein rempli d'alarmes,
Ce fils, tendre image d'Hector,
Ce fils, hélas! si plein de charmes.

ENSEMBLE.

TROYENS.	*PIRRHUS.*
Qui pourroit voir, sans s'attendrir,	Oui, oui, je vois sans m'attendrir
Les pleurs & la douleur amere,	Votre douleur & sa misere:
D'une triste & mourante mere	Oui, le fils d'Hector va périr
Pleurant un fils qui va périr.	

PIRRHUS à PHŒNIX, *& marchant aux vaisseaux avec* ASTIANAX.

Allons Phœnix....

ANDROMAQUE.

Ah ! la mort l'environne ;
Hélas, tout l'abandonne
A ſon funeſte ſort.
Eh ! quoi, ſa tendre enfance,
Mes pleurs, ſon innocence,
Ne peuvent l'arracher à ſon funeſte ſort.

Pardonne ma crédulité,
Je n'ai pû ſoupçonner ton ennemi d'un crime ;
Hector ! je l'ai crû magnanime,
J'ai trop compté
Sur ſa bonté.

ENSEMBLE.

(Les MATELOTS Grecs montant dans les vaiſſeaux.)

Pirrhus nous l'abandonne,
Il le livre à la mort.

ANDROMAQUE.

Ah ! la mort l'environne,
Hélas, tout l'abandonne
A ſon funeſte ſort.

(Elle tombe accablé de douleur dans les bras des Troyennes.)

PIRRHUS.

Je ne puis plus réſiſter à ſes larmes ;
La pitié pénétre mon cœur.

L'effroi, les pleurs embelliſſent ſes charmes;
Ses yeux, éteints par la douleur,
Forcent un Barbare vainqueur
A leur céder encor les armes.
(*à Phœnix.*)
Va m'attendre Phœnix...

ANDROMAQUE.

Je le ſuis...

PIRRHUS.

Demeurez;
Je puis encor calmer vos cruelles alarmes;
Je puis ſauver ce fils que vous pleurez.
Dites un mot, & Pirrhus vous couronne;
Au même inſtant je renvoye Hermione,
A la face des Grecs je deviens votre époux.
A ſauver votre fils, c'eſt-moi qui vous convie;
Mes ſoupirs demandent ſa vie;
Faut-il en ſa faveur embraſſer vos genoux.

DUO.

ANDROMAQUE.	*PIRRHUS.*
O! mon époux; o! Troyens, o! mon pere.	A votre fils je ſervirai de pere;
O! mon fils, que tes jours coutent cher à ta mere.	Je l'aimerai comme l'aime ſa mere;
	Comme elle je veux le chérir.
	Pour lui, d'Hector, oui j'aurai la tendreſſe;
	Mes ſoins touchans guideront ſa jeuneſſe;
Faut-il ceſſer de vous haïr.	Ceſſez, ceſſez, de me haïr.

PIRRHUS.

PIRRHUS.

C'en eſt fait ; à l'autel, Princeſſe, allez m'attendre ;
Les nœuds les plus ſacrés & l'amour le plus tendre
Vont ſauver votre fils en m'uniſſant à vous.

(*On entend le Chœur derriere la Scêne.*)

(*à part.*)

Mais quels accens, quels chants ſe font entendre?

(*à* ANDROMAQUE.)

Allez preſſer un moment auſſi doux.

ANDROMAQUE, ſortant avec les Troyennes.

Allons ſur ſon tombeau conſulter mon époux.

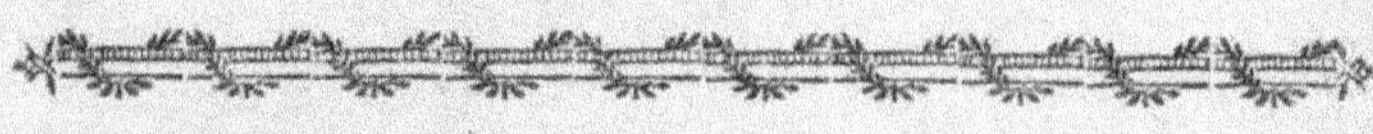

SCÈNE VII.

PIRRHUS, seul.

LA pompe de l'Himen vient chercher Hermione.
Ah ! Dieux, quel sera son courroux !
Que dira ce cœur fier, implacable & jaloux,
Quand il verra, qu'au lieu d'une couronne,
Que je devois attacher sur son front,
Je le couvre en ces lieux d'un éternel affront,
Et qu'aux pieds des Autels son amant l'abandonne.

(*De jeunes* GRECS *& de jeunes* GREQUES *viennent avec des flambeaux & des flutes antiques, chanter l'Himen d'Hermione, & la prendre pour la conduire au Temple.*)

CHŒUR chantant & dansant.

Chantons, célébrons ce beau jour;
C'est pour l'Himen d'une immortelle
Que l'on t'invoque, tendre amour;
Ta mere ne fut pas plus belle.

(*On danse.*)

(HERMIONE *sort du Palais accompagnée des Femmes de sa suite.*

PIRRHUS sur l'avant-Sçêne, voyant paroître HERMIONE.

Ah ! que lui dire ? ah ! contrainte cruelle.

Deux jeunes GRECS.

Amene avec toi les désirs,
Viens, amour, descend, suis ses traces;
Tu peux laisser aux Cieux les Graces;
Fais-toi suivre des seuls plaisirs.

LE CHŒUR.

Chantons, célébrons ce beau jour, *&c.*

Pendant la reprise de ce Chœur, des jeunes GRECQUES, *qui entourent* HERMIONE *avec des guirlandes de fleurs, la conduisent près de* PIRRHUS.

PIRRHUS, *à* HERMIONE.

Vous voyez devant vous un amant infidèle,
Qui crut trop, jusques à ce jour,
Que ses serments lui tiendroient lieu d'amour.

Vain espoir; par un coup funeste,
Andromaque m'arrache un cœur qu'elle déteste...

HERMIONE.

Qu'entends-je ! justes Dieux !...

PIRRHUS.

Nous courons à l'Autel
Nous jurer, malgrez-nous, un amour éternel.

D'un penchant malheureux je ne ſuis plus le maître;
Je céde à mon deſtin, & je vous ſers peut-être;
Rien ne vous engagoit à m'aimer en effet....

HERMIONE.

Je ne t'ai point aimé, cruel, qu'ai-je donc fait?
J'ai dédaigné pour toi les vœux de tous nos Princes;
Je t'ai cherché, moi-même, au fond de tes Provinces;
J'y ſuis encore, malgré tes infidélités;
J'y cache ma cruelle injure;
J'attendois, en ſecret le retour d'un parjure,
Malgré mes Grecs honteux de mes bontés.

Ah! lorſque ta bouche cruelle,
Vient ſi tranquillement m'annoncer le trépas,
Ingrat, je doute encor ſi je ne t'aime pas;
Je t'aimois, inconſtant, qu'aurois-je fait, fidelle!

Tu ne me réponds point?... perfide, je le vois;
Ton cœur, tes yeux cherchent cette Troyenne;
Tu ſouffres à regret qu'un autre t'entretienne;
Tu comptes les moments que tu perds avec moi.

PIRRHUS.

Donnez-moi tous les noms destinés aux parjures;
J'ai trop mérité vos injures;
Je ne veux point contraindre un si juste courroux;
C'en est fait, pour jamais, je m'éloigne de vous.
(*Il sort.*)

HERMIONE.

Vas lui jurer la foi que tu m'avois jurée;
Vole aux Autels; fuis de ces lieux;
Mais crains une amante outragée,
Crains les Grecs, mon amour, & ma haîne, & les Dieux.

SCENE VIII.

HERMIONE, LE CHŒUR.

LE CHŒUR.

QUoi ! préférer à la fille d'un Roi,
La Captive qui le déteste ;
Au même instant donner, ravir sa foi ?

HERMIONE, à deux Coriphées.

Allez, faites venir Oreste.

LE CHŒUR.

Arracher le bandeau qu'il a mis sur son front !
Être, à la fois, ingrat, traître & parjure !
A la fille des Rois faire un pareil affront !
Oreste & tous les Grecs vengeront cette injure.

SCENE IX.

HERMIONE, ORESTE, GRECS *de sa Suite.*

ORESTE.

CRoirai-je que vos yeux, à la fin désarmés...
Que vous ayez souhaité ma présence ?...

HERMIONE.

Je veux savoir si vous m'aimé ?

ORESTE.

Si je vous aime ? o ! Dieux ! mes serments, ma constance,
Mon désespoir, mes yeux de pleurs toujours noyés,
Quels témoins croirez-vous, si vous ne les croyez.

DUO DIALOGUÉ.

HERMIONE.

Venge-moi, je crois tout.

ORESTE.

De qui ?

HERMIONE.

D'un infidèle ;
C'est Pirrhus qu'il faut immoler.

ORESTE.

Pirrhus ! . . .

HERMIONE.

Ton courage chancele ?
Voles ; dans un instant je puis te rappeller. . .

ORESTE.

Armons la Grece outragée ;
Quittez ce séjour odieux ;
Suivez-moi, vous serez vengée.

HERMIONE.

Venges une amante outragée ;
Immoles Pirrhus dans ces lieux.

ORESTE.

Non, loin de moi ce crime affreux.

HERMIONE.

Va, que ma haîne soit vengée,
Ce meurtre n'a rien d'odieux.

ORESTE.

Que la Grece entiere l'attaque ;

Vengeons

Vengeons-nous, mais avec éclat,
Sans m'avilir par un aſſaſſinat.

HERMIONE.

Mais, à l'inſtant, il épouſe Andromaque.
Immoles Pirrhus dans ces lieux, *&c.*

ORESTE.

Armons la Grece outragée, *&c.*

HERMIONE.

Lâche ! n'eſpere pas obtenir ma conquête ;
Vas ; de mon ennemi, je ſaurai m'approcher ;
Je vais au Temple où leur Himen s'apprête,
Percer ce cœur que je n'ai pu toucher.

ORESTE retenant HERMIONE.

Il ne mourra que de la main d'Oreſte ;
Vos ennemis vont vous être immolés ;
Ma main va vous ravir un plaiſir ſi funeſte,
Et vous reconnoîtrez mes ſoins ſi vous voulez.

ENSEMBLE.

HERMIONE.	*ORESTE & le Chœur.*
Jurez de venger mon injure,	Jurons de venger ſon injure,
A la face des immortels ;	A la face des immortels ;
Verſez tout le ſang du parjure ;	Verſons tout le ſang du parjure,
Égorgez ma victime aux pieds de leurs Autels.	Immolons ſa victime aux pieds de leurs Autels.

(*Le* CHŒUR *entoure* HERMIONE *&* ORESTE, *en prêtant ce ſerment dans leurs mains.*)

FIN DU SECOND ACTE.

ACTE TROISIEME.

*Le Théâtre représente un Scythe triste, planté de Cyprès, & autres Arbres funebres, semés çà & là, sans ordre & sans symétrie; sur l'avant-Scène est un Socle de marbre noir, & une Urne sépulcrale, où reposent les Cendres d'*HECTOR.

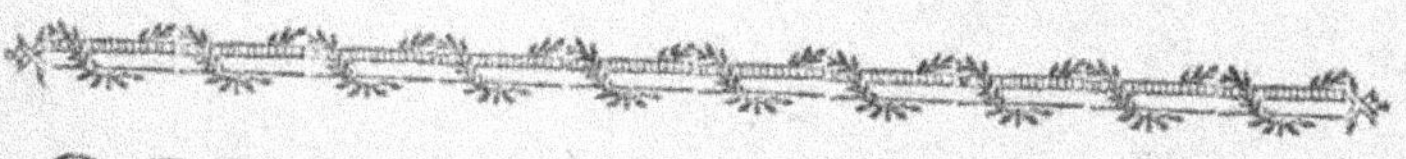

SCENE PREMIERE.

ANDROMAQUE, TROYENS ET TROYENNES.

ANDROMAQUE.

S'avançant seule près du tombeau; le Chœur reste dans l'éloignement entre les Cyprès.

OMBRE cherie, ombre sacrée,
Vois ton Epouse éplorée,
Qui va cesser d'être à toi:
Le salut de ton Fils m'en impose la Loi.

LE CHŒUR.

Andromaque ſe ſacrifie.

ANDROMAQUE.

Ombre ſacré, *&c.*

LE CHŒUR.

L'Hymen aux pieds de ſes Autels,
Va l'enchaîner par des nœuds éternels.

ANDROMAQUE.

Ombre chérie !

LE CHŒUR.

Il conſacre à Pirrhus les reſtes de ſa vie.

ANDROMAQUE.

Le ſalut de ton fils dut m'en faire la Loi.

Mais, à l'inſtant, ma main parjure,
Dans mon ſang lavera l'injure
Que je fais à ta foi.

Reçois, chere ombre que j'adore,
Les derniers ſoupirs de mon cœur;
C'eſt pour toi qu'il ſoupire encore,
Objet ſacré de mon ardeur.

Bientôt ton Epouſe fidele,
Fidele, en te manquant de foi,
Pour ſe réunir avec toi
Deſcend dans la nuit éternelle.

Reçois, cher ombre, *&c.*

O! mon Fils!... O! cruel effort!...

(*au Chœur.*)

Parlez-lui tous les jours des vertus de ſon pere;
Et quelquefois auſſi parlez-lui de ſa mere;
Parlez-lui quelquefois de ſon funeſte ſort.

Reçois, chere ombre que j'adore,
Les derniers ſoupirs de mon cœur.
C'eſt pour toi qu'il ſoupire encore,
Objet ſacré de mon ardeur.

LE CHŒUR.

Vivez pour cet enfant, ſi cher à votre cœur.
Vivez pour adoucir nos peines.
Cet Hymen va briſer nos chaînes.
De ce fils & d'un peuple il finit le malheur.

(*Aux pieds d'*ANDROMAQUE.)

Vivez pour adoucir nos peines.

ANDROMAQUE au CHŒUR.

Non, non, je vais réjoindre Hector & mes ayeux.

(*Relevant* CÉPHISE.)

Céphiſe, c'eſt à toi de me fermer les yeux.

CÉPHISE & le CHŒUR.

Vivez pour adoucir nos peines.

SCENE II.

PHŒNIX *à la tête de la Garde; les mêmes.*

PHŒNIX.

PIrrhus vous attend à l'Autel.

ANDROMAQUE.

Et mon fils?

PHŒNIX.

Son ſalut eſt commis à mon zele;
Près d'ici, dans le Fort, cette Garde fidelle
Saura le garantir d'un complot criminel.

ANDROMAQUE à PHŒNIX.

(En regardant le Tombeau.)

Je vous ſuis... c'en eſt fait.

(La Garde entourre ANDROMAQUE, que ſuivent les Troyens.)

SCENE III.

HERMIONE *entre par l'avant-Scène.*

HERMIONE.

Quel ſpectacle cruel !
Tu n'échaperas pas, perfide, à ma vengeance ;
Ma haîne croît par ta préſence ;
C'eſt ſur ton corps ſanglant que Pirrhus doit périr.
Pïrrhus ! . . . quoi Pirrhus va mourir ? . . .

Etouffons dans mon cœur une pitié funeſte ;
Non, ne revoquons point l'arrêt de mon courroux ;
Laiſſons, laiſſons agir Oreſte,
Qu'il meure, . . . il ne vit plus pour nous.
Et c'eſt moi ! c'eſt moi qui l'ordonne ;
Sa mort ſera l'effet de l'amour d'Hermione ;
Ma haîne aux pieds des Dieux va le ſacrifier ! . . .

Ah ! je le vois traîné ſur la pouſſiere ;
Je vois percer ſon ſein d'un homicide acier ;
Son ſang coule . . . il rougit votre main meurtriere . . .
Vous redoublez vos coups . . . barbare ! je le ſuis ;
J'entends ſes lamentables cris. . . .

CHŒUR,

(*Des Peuples derriere le Théâtre.*)

Chantons, célebrons l'Hymenée
De Pirrhus, du plus grand des Rois,
Une Princeſſe infortunée
L'enchaîne ſous d'aimables loix.

HERMIONE.

Qu'entends-je!... Dieux! quel chant funeſte!
Ils marchent à l'Autel... moi, je cours m'y venger;
Mon amour me ſuffit ſans le ſecours d'Oreſte.

Bravons la crainte & le danger;
Tout me ſera Pirrhus, fut-ce Oreſte lui-même;
Je ne choiſirai point dans ce déſordre extrême;
Dans leur ſang odieux mon bras va ſe plonger.

(*Elle ſort.*)

SCENE

SCENE IV.

Le Théâtre représente le Temple de l'Hymen ; sa Statue est dans le fond.

LE PEUPLE, *en entrant.*

CHantons, célébrons l'Hymenée
De Pirrhus, du plus grand des Rois ;
Une Princesse infortunée
L'enchaîne sous d'aimables loix.

Des jeunes Epirotes viennent, en dansant, parer la Statue de l'Hymen de Guirlandes de fleurs.

ORESTE, après la Danse, entre à la tête de ses Grecs, & vient se placer aux deux côtés de l'avant-Scène.

CHŒUR.

Des Prêtres portant un Autel, qu'ils placent au milieu du Théâtre.

Dieu d'Hymen ! que sous ton empire
Ces Epoux soient toujours heureux ;
Réunis à jamais Ilion & l'Epire ;
Que rien ne brise ces beaux nœuds.

Pendant ce Chœur que le peuple répete avec les Prêtres, PIRRHUS entre, conduisant ANDROMAQUE, vêtue négligemment de la Robe Nuptiale, elle est encore dans la plus profonde douleur; elle se met à genoux aux pieds de l'Autel, où PIRRHUS *lui ceint le Bandeau Royal.*

TOUT LE PEUPLE, *par acclamation.*

Dieux justes! protégés une flamme si belle.

Les Trompettes placées dans les Balcons latéraux du Temple le font retentir; ses portes s'ouvrent, & le peuple s'y jette en foule.

PIRRHUS,

*Joignant sa main à celle d'*ANDROMAQUE, *sur l'Autel.*

Andromaque regnés sur mon peuple & sur moi;
Sur ces Autels sacrés je vous donne ma foi;
Je vous jure à leurs pieds une ardeur éternelle.
Vos ennemis seront les miens;
A votre fils je servirai de pere,
J'en atteste les Dieux; je le jure à sa mere;
Et je le reconnois pour le Roi des Troyens.

ORESTE, *les armes à la main.*

Pour le Roi des Troyens!... Grecs, vengeons cet outrage.

CHŒUR GÉNÉRAL.

Pendant lequel ORESTE, à la tête des Grecs, attaque & entourre PIRRHUS, que quelques Soldats défendent en vain; le Peuple effrayé l'entraîne avec ANDROMAQUE hors du Temple; l'Autel est renversé, tout fuit, & le bruit des Combattans continue derriere le Théâtre.

ORESTE, & les GRECS.	*PIRRHUS.*	PRETRES & PEUPLE.
Vengeons, vengeons cet outrage; Immolons à notre rage Pirrhus, ce perfide Roi.	A moi, Soldats, secondez-moi; Soldats, secondez mon courage. *ANDROMAQUE.* Peuple, défendez votre Roi.	Soldats, secondés son courage; Peuple, défendés votre Roi.

Le Théâtre reste vuide.

SCENE V.

HERMIONE, *entrant par l'avant-Scêne.*

HERMIONE.

QUels cris me remplissent d'effroi;...
Ils portent dans mon cœur l'horreur & l'épouvante.
Je viens pour me venger, & mon ame tremblante
Frémit pour un ingrat qui m'a ravi sa foi.

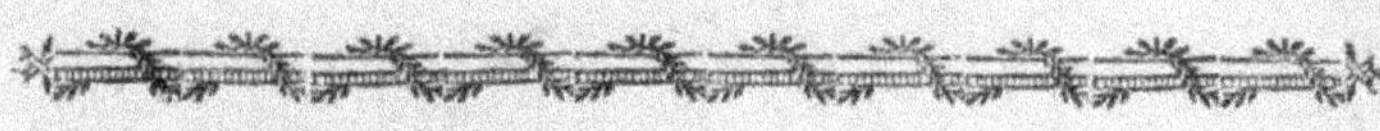

SCENE VI.

HERMIONE, ORESTE, *les armes à la main.*

ORESTE.

PRinceſſe! c'en eſt fait... votre haîne eſt ſervie ;
Pirrhus rend, dans ces lieux, ſon infidelle vie...

HERMIONE.

Il eſt mort!

ORESTE.

Nos Grecs irrités
Ont lavé dans ſon ſang ſes infidélités....

HERMIONE.

Qu'ont-ils fait ?

ORESTE.

Pardonnez à leur impatience,
Vous vouliez que ma main portât les premiers coups,
Qu'il ſentit, en mourant, qu'il expiroit pour vous;
Ils ont trahi votre vengeance.

HERMIONE.

Va, je les déſavoue, & tu me fais horreur.

Barbare! Qu'as-tu fait? avec quelle furie
As-tu tranché le cours d'une ſi belle vie?
Monſtre affreux! par quelle fureur
De ſon ſort t'es-tu fait l'arbitre?
Pourquoi l'aſſaſſiner?... qu'a-t-il fait?... A quel titre?
Qui te l'a dit?

ORESTE.

Quoi! ne m'avez-vous pas,
Vous même, ordonné ſon trépas.

HERMIONE.

Ah! falloit-il en croire une amante inſenſée;
Ne devois-tu pas lire au fond de ma penſée.
Barbare, ne voyois tu pas,
Que j'adorois Pirrhus en preſſant ſon trépas!

ORESTE.

Quoi! c'étoit donc trop peu pour ma main ſanguinaire
D'avoir épouvanté la terre,
En déchirant le ſein qui me donna le jour.
Il me falloit encor commettre un nouveau crime;
Prendre aux pieds des Autels, un héros pour victime.
Et verſer tout ſon ſang pour ſervir ton amour.

Venés, ſuivés mes pas, fuyons de ce ſéjour.

HERMIONE.

Fuis, cruel, laiſſe-moi dans ce triſte ſéjour.
Fuis, cruel, je reſte en Epire;
Je rénonce à la Grece, à Sparte, à ſon Empire,
A toute ma famille, & c'eſt aſſez pour moi,
Traître : qu'elle ait produit un monſtre, tel que toi.

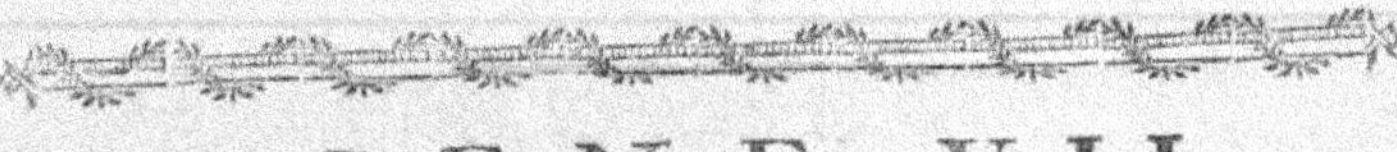

SCENE VII.

ORESTE ſeul.

Est-ce Hermione? Et que viens.je d'entendre?...
Eſt-ce Pirrhus qui meurt?... & ſuis-je Oreſte enfin?...
Pour qui deviens-je un aſſaſſin?
Pour qui coule le ſang que je viens de répandre?
Pour une ingrate, à qui je le promets;
Qui même, s'il ne meurt ne me verra jamais.
Quand j'épouſe ſa rage, & que je l'ai ſervie,
Elle me redemande & ſon ſang & ſa vie!...
Epuiſe ſur moi ta rigueur;
Ciel impitoyable & vengeur.
Je ſers une haîne implacable;
Malgré moi, d'un grand Roi ma main perce le flanc,

Et quand je reparois tout couvert de ſon ſang,
Hermione me fuit, & ſa haîne m'accable.

Epuiſe ſur moi ta rigueur,
Ciel impitoyable & vengeur.

D'un amour cruel & funeſte
La mort de Pirrhus eſt le fruit.
Toi ſeule, Hermione, a conduit
Le bras du parricide Oreſte;
Et tu lui fais un crime de ſa mort!...

SCENE DERNIERE.

ORESTE, GRECS *de ſa ſuite armés,*
& ſuivis d'une troupe de Soldats.

Partie du CHŒUR *entrant par un côté du Temple.*

O! Fureur!

L'autre entrant par un autre côté.

O! funeſte ſort!

Tout le CHŒUR.

Hermione!... nous l'avons vue
Égarée, éperdue,
Un Poignard à la main ſur Pirrhus ſe courber,
Lever les yeux au Ciel, ſe frapper & tomber.

ORESTE.

Elle meurt!... Ciel impitoyable,
Au comble des douleurs tu m'as fait parvenir;
Malgré toi je ſaurai finir
Le tourment affreux qui m'accable.
(*Il veut ſe frapper.*)

LE CHŒUR *qui veut le déſarmer.*

Sauvons-le de ſa fureur.

ORESTE.

Non, non, cruels, amis perfides,
Laiſſez à ces mains homicides,
Laiſſez à ces mains parricides
Déchirer ce barbare cœur.

LE CHŒUR, *le déſarmant.*

Sauvons-le de ſa fureur.

ORESTE.

O! mort, viens me priver du jour que je déteſte;
Viens m'arracher ce jour que je ſouille d'horreur.

UN GREC.

Ah! fuyez de ces lieux, trop malheureux Oreſte,
D'Andromaque & du peuple évitez la fureur.

ORESTE.

Mais, quelle épaiſſe nuit tout-à-coup m'environne?
Où

Où fuir ?... je frémis... je frissonne...
Grace au ciel j'entrevois.....
Dieux ! quels ruisseaux de sang coulent autour de moi !

LE CHŒUR.

Quel désespoir funeste !
Dieux vengeurs ! Malheureux Oreste !

ORESTE.

Quel objet !... quoi Pirrhus !... comment t'es-tu sauvé ?
Tiens, tiens, voilà le coup que je t'ai réservé.
Dieux ! à mes yeux Hermione l'embrasse !
Elle vient l'arracher au coup qui le menace. !
Ciel ! quels affreux regards elle lance sur moi !
Quels démons ! quels serpens elle traîne après soi !...

Filles d'Enfer, vos mains sont elles prêtes ?
Tous les serpens qui sifflent sur vos têtes
Ne m'inspirent aucun effroi.
A vos fureurs Oreste s'abandonne ;
Filles d'Enfer, venez le dévorer.
Mais, non, laissez, laissez faire Hermione.
L'ingrate, mieux que vous, saura me déchirer.
(*Il tombe dans les bras de ses* CORIPHÉES.)

LES *CORIPHÉES qui soutiennent Oreste.*

Fuyons, fuyons, le temps nous presse ;

Profitons du moment que sa fureur nous laisse.

TOUT LE CHŒUR, au milieu duquel est ORESTE anéanti par ses douleurs.

Dieux implacables ! Dieux vengeurs !
Par d'éternels tourments punissez-vous le crime ?

Les FEMMES seules.

Voyez votre victime.

TOUT LE CHŒUR.

Quels tourments affreux ! Dieux vengeurs !

Les FEMMES.

Laissez-vous toucher par nos pleurs ;
Ah ! laissez fléchir vos rigueurs.

TOUT LE CHŒUR, en emportant ORESTE.

Par d'éternels tourments punissez-vous le crime,
Dieux implacables ! Dieux vengeurs.

FIN.

J'AI lu, par ordre de Monseigneur le Garde des Sceaux, *ANDROMAQUE*, Tragédie-Opéra en trois Actes, & je n'y ai rien trouvé qui m'ait paru devoir en empêcher l'impression. A Paris, ce 31 Mai 1780.

BRET.

www.ingramcontent.com/pod-product-compliance
Ingram Content Group UK Ltd.
Pitfield, Milton Keynes, MK11 3LW, UK
UKHW020953180726
13838UKWH00003B/1308

9 782329 227641